HAPPY BIRTHDAY

80

VON:

FÜR:

**Geburtstage sind
etwas Herrliches!
Je mehr man davon
genießt, desto älter
wird man ...**

Niemand
ist perfekt!
Aber mit 80 ist
man verdammt
nah dran!

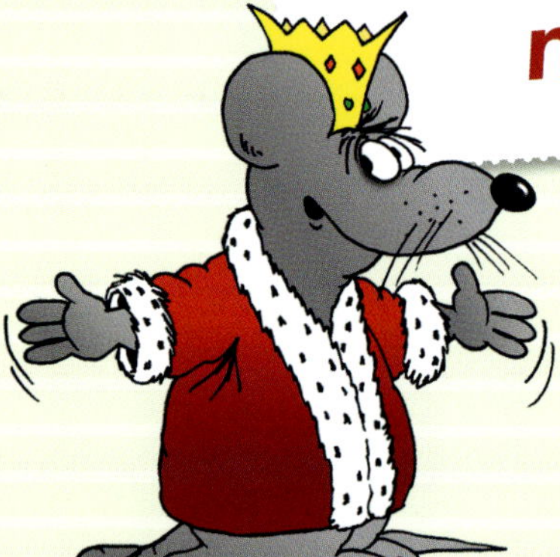

DER VORTEIL IST:

AB ACHTZIG IST MAN
IN EINEM ALTER, IN DEM MAN
ALLES AUFS ALTER
SCHIEBEN KANN ...

KLEINE FREUDEN:

Ab einem gewissen
Alter bedeutet Glück,
in einen anderen Raum
zu gehen und dann
noch zu wissen,
was man dort wollte.

TOLLE GESCHENKIDEEN:

Hirschkonfitüre

Heidelbergmarmelade

Brummbärgelee

Apfelkomplott

Selbst gekochte Marmelade
ist immer wieder ein Geschenk, das gut
ankommt. Wichtig ist natürlich immer,
auf die korrekte Beschriftung
der Gläser zu achten!

... oder ein
bunter Blumenstrauß?

Nur schade, dass er oft nach wenigen Tagen schon entsorgt werden muss.

Unser Tipp:
Ein Strauß aus Gemüse und Suppengrün! Das ist nachhaltiger und man kann sich später noch einen gesunden Eintopf daraus kochen.

Und wussten Sie
auch, dass auf
langweiligen
Geburtstagsfeiern
ein ständiges
Kommen und
Gähnen herrscht?

MAL EHRLICH:

IM ALTER WIRD MAN GAR
NICHT GEDULDIGER. MAN
VERGISST NUR SCHNELLER,
WORAUF MAN WARTET.

**Ich bin jetzt 80 –
ich darf das !**

Die gute Nachricht:
Gut sehen kann man nun
schlecht, aber schlecht
hören kann man jetzt gut!

DIE GUTEN TIPPS:

Es muss nicht immer ein großes Geschenk sein. Wenn es nur schön eingepackt ist!

Ein schönes Buch ist immer ein besonderes Geschenk. Dieses hier, zum Beispiel, ist die moderne Fassung eines bekannten Klassikers und darf in keinem Bücherregal fehlen!

Schon cool,
wenn man ein
Dichter wär
und schrieb
Geburtstags-
reime ...
Das ist natürlich
scheißenschwer,
ihr wisst schon,
was ich meine!

Ab 80 kommt man
langsam in ein
Alter, wo man
sich beim Schuhe-
zubinden überlegt,
was man noch
erledigen kann,
wenn man schon
mal unten ist ...

**Die ersten
80 Jahre
der Kindheit
sind immer
die härtesten!**

Niest der Gast
ins Essen rein,
wird er wohl
erkältet sein!

– Alte Geburtstagsweisheit –

DIE GOLDENE REGEL ...

... FÜR DEN RUNDEN
GEBURTSTAG:
JE VOR DIE FREUDE,
DESTO ÜBER
DIE RASCHUNG!

Es ist kaum in Torte zu fassen, wie viel Glück ich dir wünsche!

– Konditormeister zum 80. Geburtstag –

Feiern Sie Ihre **Geburtstage mit „Viel Spaß!"**

ISBN 978-3-8303-4518-3

ISBN 978-3-8303-4519-0

ISBN 978-3-8303-4520-6

ISBN 978-3-8303-4521-3

ISBN 978-3-8303-4542-8

ISBN 978-3-8303-4540-4

Noch mehr Bücher und Kalender von Uli Stein gibt's auf **www.lappan.de**

Foto: Iris Klöpper

Uli Stein, 1946-2020, war Deutschlands beliebtester und erfolgreichster Cartoonist. Er studierte an der Freien Universität Berlin Lehramt. Während seines Studiums arbeitete er als freier Fotograf und Texter. Kurz vor dem Examen brach er sein Lehramtsstudium ab, um hauptberuflich Journalist zu werden. Er arbeitete daraufhin unter anderem sechs Jahre für den Saarländischen Rundfunk, bis er sich Ende der 1970er-Jahre ganz auf das Zeichnen konzentrierte.

1982 kamen erste Postkarten und 1983 erschien das erste Buch „Ach, du dicker Hund!" im Lappan Verlag. Es folgte eine steile Karriere über die Grenzen Deutschlands hinweg. Eieräugige und knollennasige Menschen, die freche Maus, aber auch seine Katzen, Hunde und Pinguine werden zu Markenzeichen, verewigt auf fast 200 Millionen Postkarten und in mittlerweile fast vierzehn Millionen Büchern. Seine Cartoons erscheinen europaweit in über 100 Zeitschriften und Magazinen.

Neben dem Zeichnen pflegte Stein seit vielen Jahren eine weitere Leidenschaft: das Fotografieren. Als Fotokünstler konzentrierte er sich auf Natur-, Landschafts- und städtische Motive aus der Region Hannover und Niedersachsen. Hinzu kam seine Passion für die Tierfotografie. Wunderschöne Fotokalender sind seitdem ebenfalls von ihm erhältlich.

Die Uli-Stein-Stiftung für Tiere in Not, die der leidenschaftliche Tierschützer 2018 gründete und die in seinem Sinne weitergeführt wird, war für ihn ein Projekt des Herzens.

3. Auflage 2024

© 2023 Lappan Verlag in der Carlsen Verlag GmbH,
Völckersstraße 14–20, 22765 Hamburg

ISBN 978-3-8303-4542-8

Umschlag- und Innenillustrationen: Uli Stein
Herstellung, Lektorat und Gestaltung: Ulrike Boekhoff

Triff uns auf facebook.com/lappanverlag
und auf instagram.com/lappanverlag
www.lappan.de

© Uli Stein-Cartoons bei CATPRINT MEDIA GmbH
www.catprint.de

MIX
Papier | Fördert
gute Waldnutzung
FSC® C002795

Wir produzieren nachhaltig
- Klimaneutrales Produkt
- Papiere aus nachhaltigen und kontrollierten Quellen
- Hergestellt in Europa